Christiane Gerges

Kontemplative Werke, Band 2

Im Angesichte

Der Michael-Impuls im Wandel der Zeit

Ein manichäisches Mysterien-Drama

ISBN 9783754337936
Reihe ‚Kontemplative Werke‘, Bd. 2
© 2021 Christiane Gerges, Strandtreppe 13, 22587 Hamburg
Herstellung & Verlag: BoD – Books on Demand, Norderstedt

Vorwort

Scheinbar stehen in der Welt im Gegensatze die gnostische Weltanschauung und die manichäische.

Die gnostische Weltanschauung geht davon aus, dass im Ur-Beginne reines Licht war. Dann hat in dem Licht ein Engel eine Art Stauung verursacht, die sich dann auswirkte wie eine Art Egoität. Dieser Engel wird als ‚aus dem Licht Gefallener' mit dem Namen Luzifer bezeichnet. Er bildete das materielle Reich.

Die Menschen, die noch im Paradiese lebten, lebten dort in der Einheit mit allen Wesen, in der Einheit mit Gott. Luzifer verführte sie, vom Baume der Erkenntnis von Gut und Böse zu essen. Um Gut und Böse unterscheiden zu können, mussten sie die Ebene der Einheit verlassen und in die Zweiheit, in die Zwietracht eintauchen und damit auch in den Zustand des Schmerzes, denn das Wesen des Schmerzes ist, dass er bei jeder Grenzüberschreitung von solch äußerlich gewordenen Formen entsteht. Das, was in dem Paradies-Mythos als Strafe bezeichnet wird, dass Adam und Eva aus dem Paradiese herausgetrieben werden, ist einfach eine Notwendigkeit, die einher geht mit dieser Ermöglichung der Erkenntnis der Zweiheit von Gut und Böse, nämlich das Heraustreten aus der Einheit.

Und der ‚strafende' Cherub, der tritt eben nicht als ‚Rausschmeisser' auf, sondern als Schützer der Einheit! Er vereint in seinem Flammenschwert: in dem Kreuz seines Knaufes und der flammenden Klinge, die beiden Kräfte, die mit der Zweiheit einhergehen: Ahriman und Luzifer. Der sich in den Kreuzungspunkt zusammenziehende und der in die Peripherie Flammende. So steht der Cherub mit dem Flammenschwert da an der Pforte des Paradieses als Hüter der Schwelle, mit dem wir eins werden müssen, um wieder ins Paradies zu gelangen. Der Weg ins Paradies, in die Einheit, geht nicht an ihm vorbei, sondern wir gelangen hinein *durch* ihn, durch das Gleichgewicht halten dieser beiden Kräfte der Materie: der sich zusammenziehenden Kraft und der sich ausdehnenden, dadurch dass wir die Mitte halten zwischen Luzifer und Ahriman. Damit stellen wir uns sozusagen in die Linie des Cherub und können *durch* ihn die Pforte überschreiten.

Nun beschreibt die gnostische Weltanschauung das Ziel der Erdenentwicklung als Vorgang des jüngsten Gerichtes: Christus wird uns wieder erscheinen und wird zu Gericht sitzen über die Lebenden und die Toten. Er wird die Guten ins neue Jerusalem erheben und die Bösen auf alle Ewigkeiten in die Hölle verdammen. So die Endvision des Gnostizismus.

Der Manichäismus sieht diesen Vorgang anders: Er wird zu Gericht sitzen, heißt hier nur, er wird sie richten, er wird sie ausrichten, jeden an seinen Platz: die Schwerekräfte nach unten, die Lichtkräfte nach oben. Er wird ein Gleichgewicht herstellen. Um das richtig ernst zu nehmen: jeden Moment, wo wir es fertig bringen, in uns dieses Gleichgewicht zu bilden, befinden wir uns da nicht schon im jüngsten Gericht? Eine freudige Angelegenheit, wo wir die Einheit Gottes wieder erreichen!

In Michelangelos Darstellung von dem Jüngsten Gericht in der Sixtinischen Kapelle wird dies wunderschön veranschaulicht:

4

der Christus steht nicht starr in der Mitte und nimmt eine trennende Haltung ein, sondern steht in einer spiraligen Haltung, mit den Händen das Gleichgewicht haltend zwischen Oben und Unten

und nicht nur haltend, sondern durch sich hindurchfließen lassend.

Durch das Schreiten *durch* den Christus, der uns als Schützer vor dem Gott-Vater steht, („Niemand kommt zum Vater denn durch mich") indem wir in uns die Ordnung der luziferischen und ahrimanischen Wesen vollziehen, ihnen Plätze zuweisen, durch-Ichen wir gleichzeitig diese Wesen. Damit bilden wir durch das Ich schreitend, durch den Christus schreitend, die Einheit. Es ist schwer, diesen geistigen Vorgang in Worten auszudrücken, weil wir damit nicht den Christus hinter uns lassen, sondern es ist eine Vereinigung ohne Ziel, denn der Christus ist der Weg. Wir schreiten durch ihn nicht im Sinne von ‚hindurch', sondern er wird uns, dadurch, dass wir nicht vor ihm ausweichen der Verursacher unseres Schreitens: durch ihn können wir schreiten! Es ist eine wunderbare Meditation von dem Ansatz des ersten ‚durch' zu dem zweiten ‚durch' umzugewichten!

Wir lösen uns in diesem Gleichgewicht aus der Zweiheit wieder heraus. Von daher gilt es, besonders die Neigungen zum Bösen zu verstehen. Nicht was das Böse gestaltet, sondern wo die Neigung dazu in uns urständet, wo die Neigung ansetzt und uns aus dem Gleichgewicht gebracht hat.

Damit geht der Manichäismus über den Gnostizismus hinaus. Er führt durch die Bemühung um das Gleichgewicht zu einer Art Versöhnung von Gut und Böse. Er endet nicht in der Trennung, sondern zeigt einen Weg auf zur Wiedervereinigung von Gut und Böse durch das Ich. Respektive beginnt im Manichäismus auch die Schöpfung nicht im reinen Licht, sondern von Anfang an gibt es zwei Kräfte, Licht und Dunkel, die zusammen die Einheit bilden.

Man erlebe einmal den Begriff der Einheit recht lebendig. Einheit muss ja mindestens Zweie in sich bergen, sonst ist es eine Einzelheit. Gleichzeitig ist die Einheit dann allerdings schon eine Dreiheit, da ich es bin, der die Einheit denken kann. Wird mir die Beziehung, das Verhältnis der Zwei zueinander, sichtbar, leuchtet mir die Einheit auf. Das Symbol dieser Einheit, die durch das schwarze Kreuz als der vom Ich durchdrungene Aspekt Ahrimans und die roten Rosen als der vom Ich durchdrungene Aspekt Luzifers gebildet wird, ist das durchlichtete weiße Kreuz, das zum Himmel steigt: die Taube und der goldene Kelch, der vom Himmel gereicht wird. Der ganze Vorgang ist dargestellt im siebten apokalyptischen Siegel.

So betrachtet ist der Manichäismus nicht im Gegensatz zur gnostischen Weltanschauung, sondern die gnostische Weltanschauung ist wie ein Ausschnitt der manichäischen.

Weiter berichtet der überlieferte Mythos des Manichäismus von den Dunkelgeistern, die gegen das Lichtreich kämpfen. Als Strafe wird Licht in ihr Reich geopfert. Da entstehen die

Farben: das Menschenreich. Es sind Begriffe und Bilder, mit denen in Ur-Zeiten die höchste Geistigkeit von der Menschenseele beschrieben wurde.

Kann es in diesen Höhen Entscheidungsfreiheit geben? Ist nicht der Mensch erst der, der die Freiheit sich erringt? Die schwarzen Wesen, sie haben eine Eigenbewegung, die einfach ihrem Wesen entspricht. Die weißen Wesen genauso: das Weiße, das Lichte, es steigt auf, es bewegt sich in die Peripherie. Das Schwarze, es lastet schwer, es zieht sich in das Zentrum zusammen. So ist die Bewegung dieser Wesen solcher Art, dass sie einander gegengesetzt ist. Sobald sie durch die Bewegung ihres eigenen Wesens auseinander kommen und sich deutlich als Zweie begreifen, wird sofort der Schützer der Einheit, dessen Angesicht wir zu Gesicht bekommen können, weil er beide Aspekte in seinem Flammenschwert sichtbar in sich trägt, aufscheinen: der Cherub.

Wissenschaftlich gesprochen: Die Dunkelheit schreitet durch ihres Wesens Schwere Richtung Materien-Bildung. Diese Bewegung entspricht der Seelenstimmung des Verzichtes auf Licht. Es sammeln sich bei der Materien-Bildung wie Tröpfchen des Verzichts auf die Bewegung: zum Licht hin zu können. Diese Tröpfchen wiederum spiegeln das Licht! Sie werden nicht selber Licht, sie spiegeln es. Dadurch bewegt sich das Licht ins Dunkle, durch die Spiegelung an den Tröpfchen des Verzichtes. Diese ist der Bewegung des Dunklen zu eigen. Man kann das natürlich auch vom Licht aus als ein aktives Zugreifen auf das Licht ansehen, wie es der Mythos tut. Es entsteht jedoch durch den Spiegeleffekt.

Doch ob aktiv oder passiv: es entstehen die Farben, der Regenbogen, das sichtbare Menschenreich.

Von bildhafter Seite aus betrachtet sieht das so aus, als ob das Dunkle das Licht bekämpft, weil es so drohend sich zusammenballt. Doch was aktiv als drohend aufgefasst werden kann, ist die passive Eigenbewegung des Dunklen, ist die Voraussetzung, dass das Licht dahinein leuchtet und der Regenbogen entsteht.

Für den zukünftigen Manichäismus wählte ich den Anschauungsaspekt der durch das naturwissenschaftliche Denken gegangenen Anschauungsweise, der dann auch ohne Kampf auskommt im Erklären. Auch stimmt diese Anschauung mit dem 1. Kapitel des Johannes überein: „Das Licht schien in die Finsternis, doch die Finsternis hat es nicht begriffen." – im Sinne von nicht berührt, als reines Wesen, unangetastet gelassen.

Christiane Gerges
strand@hamburg.de
websites: christiane-gerges.de
misraim-michael-dienst.de
+49 151 27030503
Wer das Drama aufführen möchte, kann über obige E-mail sich die Text-Datei kommen lassen, um das Format zu ändern und wenn erwünscht auch nach Zeichnungen für die Gebärden fragen.

Dieses Mysterien-Drama sei gewidmet

Michael, dem

A n g e s i c h t

des Christus

Personen der Handlung

Prolog:	Cherub / Schwarz / Weiß / Michael	S. 11
1. Aufriss:	Artus / Guinevere / (Michael)	S. 13
2. Aufriss:	1. Gralsritter / 2. Gralsritter / Frau	S. 16
3. Aufriss:	Baumeister / 1. Aufseher / 2. Aufseher	S. 20
4. Aufriss:	Johannes v. Salisbury / 1. Schüler / 2. Schüler / (Schwarz)	S. 26
5. Aufriss:	Meister / 1. Aufseher / 2. Aufseher / (Cherub / Weiß)	S. 31
6. Aufriss:	Goethe / Schiller	S. 34
7. Aufriss:	Carl v. Hessen / St. Germain	S. 37
8. Aufriss:	Michael / Rudolf Steiner / H.P. Blavatsky	S. 40

Der Sprechmodus von Aufriss zu Aufriss ändert sich, weil er den Personen entnommen ist, die vorkommen. Die Aufrisse haben eine musikalische Einlage dazwischen. Diese soll historisch gehalten sein, so dass der Zuschauer in die Stimmung des nun folgenden Sprechmodus hineingenommen wird. Aufriss 4 bis 7 sind fast durchgehend zitierte Texte.

Prolog

(Die Bühne ist ganz dunkel. Zwischenvorhang zugezogen, die Bühne wird nur vorne bespielt. Ein Spot für Schwarz und Weiß. Der Bewegungsbereich von Weiß ist die linke Bühnenhälfte vom Zuschauer aus gesehen, der Bewegungsbereich von Schwarz die rechte.)

Schwarz steht vor Weiß in der Mitte der Bühne. Beide haben den Rücken zueinander. Wenn der Vorhang aufgeht, ist es erst 2 Minuten ganz still. Dann fangen Schwarz und Weiß an, sich zu entwickeln. Schwarz beugt sich, bis es sich in der Hocke zusammengezogen hat, Weiß hebt die Arme, bis es ganz gestreckt ist. Dieser Bewegungsprozess soll weitere 4 Minuten dauern. Es soll praktisch keine Bewegung sichtbar beobachtet werden können. Wenn Weiß ganz gestreckt ist, fängt es an, sich von Schwarz weg zu bewegen und wird immer wieder wie von einem unsichtbaren Band zurückgezogen. Schwarz hat eine äußerlich fast unmerklich sich spiralig zusammenziehende Innenbewegung.

Dann kommt der Moment, wo sich Weiß so weit entfernt, dass das unsichtbare Band zwischen den beiden reißt. Dabei kugelt Schwarz nach rechts vorne an den Bühnenrand. In dem Moment tritt mittig durch den Vorhang der Cherub auf in Weiß-Gold mit Flammenschwert, Spitze schräg nach oben. Er sollte in dem Bereich des Licht-Spots auftreten. Weiß bewegt sich strahlenförmig auf ihn zu. Am Anfang noch stark nach Schwarz tastend lauschend, dann immer weniger, wie seiner vergessend. Dann kommt der Moment, wo der Cherub Weiß abweist: Er nimmt die Anbetung nicht mehr an. Dieses haben wir gezeigt, indem wir den Cherub nach vorne schreiten ließen, bis er aus dem Bereich des Lichtspots draußen war und im Dunklen stand.

Weiß beugt sich enttäuscht, bewegt sich dabei nach vorne und nähert sich dadurch Schwarz. Weiß erinnert sich, sucht und tastet. In diesem Suchen und nach unten Beugen, wird es Blau beleuchtet, bzw. greift einen blauen Schleier. Das von Weiß seelisch beleuchtete Schwarz wird Rot beleuchtet, bzw. greift einen roten Schleier. Schwarz bewegt sich rot, d.h. es richtet sich wie hilfesuchend nach vorne auf, der Rücken Hohlkreuz-förmig. So kommen die beiden zusammen. In diesem Moment wird die Beleuchtung lila bzw. beide Schleier übereinander gehalten, so dass sich lila ergibt. Gleichzeitig entschwindet der Cherub, der Hüter der Einheit, der nun nicht mehr nötig ist, wieder hinter dem Vorhang.

Dann tritt Michael auf, in der rechten Hand ein aufgerichtetes Schwert haltend, in der linken eine Waage. Er tritt in das Licht und spricht:

Michael:

Durch das i m A n g e s i c h t e - Sein entstehet Liebe. Die Liebe brauchet die Erscheinung.

1. Aufriss

(Weißer Nebel, mit weißem Licht bestrahlt, hinter dem Michael verschwindet. Hoher Sopran und/oder Klangschale in Artus-Stimmung. 12 Hocker um einen dreizehnten im Kreis angeordnet und mit Sternzeichen versehen. Guinevere und Artus kommen von hinten links und gehen um den mittleren Hocker. Sie setzt sich.)

Sprecher:

König Artus und seine Gemahlin Guinevere. Sie stehen auf hohem Fels am Meer und schauen ins Licht.

(Artus stellt sich um 1/12 links von der Mitte vorne an den Hocker. Bei seinen Worten umkreist er Guinevere von Sternensitz zu Sternensitz schreitend, frontal ausgerichtet.Die Konsonantenzuordnung ist den alten Zeiten entnommen.)

Artus:

♓
Licht haucht aus dunkler Wellen Flut
umarmend das Wogenmeer.

♈

Erblick' des Gottes-Auges strahlende Kraft!
Er hebt sich empor, uns zu grüßen.

♉

Leuchtendes Gold lässt Winde säuselnd entstehen.
Des Dunstes Flügel decken den Horizont.

♊

Lichtesflimmern erfüllt die Luft,
des Lichtspeers scheinender Schaft haftet dem Schritt.

♋

Froh malt sich das Himmelsblau
in Wellenwogende Tiefen.

♌

Der Wärmekuss berührt Dein Gesicht?
Rührt kraftvoll auch Fels und Stein!

♍

Duftende Gräser, duftende Blumen
entzücken die Sinne, öffnen der Erde Tor.

♎

Schwärze sich häuft am Himmel,
farbige Bögen scheinen hervor.

♏

Schwarze Wellen und helle
wogen auf, Wunderbilder webend.

♐

Rot versinkt der Strahlen Quell,
Wesen entsteigen dem Grunde.

♑

Des Felsens Hitze trägt uns ans Firmament,
der Sonnengott - ein Sternenkreuz!

♒

Die Sterne weißen am Himmel - ferne, - fern! - - -
Die Erde gewichtet. Bleib' bindendes Band!

(Artus erhebt sein Schwert, Knauf oben)

Lasst uns den Christus suchen im Umkreis! St. Michael
lichte uns voran!

(Sopran, im Hintergrund erscheint Michael mit erhobenem Flammenschwert. Artus und Guinevere verlassen die Bühne mit kurzer Schlaufe nach links raus.)

2. Aufriss

(Relativ dunkle Bühne, Sonnenuntergangs-Stimmung hinten, warmer Tenor, melancholisch. 1. Gralsritter steht vorne rechts auf der Bühne in schwarzem Mantel.)

Sprecher:

Gralsritter vor Jerusalem

(Der 2. Gralsritter stolpert auf die Bühne von rechts und fällt vor dem 1. Gralsritter auf die Knie.)

1. Gralsritter:

(aufgeregt)
Muss ich so Dich wiedersehen?
Voll Wunden Dein Leib!
Zerrissen Dein Gewand –
Wanderst' ohne Wehr!

2. Gralsritter:

O Wunder! Große Gnade! – *(fällt auf die Knie)*
Ich schütze den größten Schatz der Welt!
Mein Blut vergoss ich für dieses kostbare Holz *(wickelt es aus)* stammend vom Kreuz des Erlösers,

getränket mit seines Blutes Kraft! –
Sein Grab fand ich leer. – *(steht auf)*
Lass' uns ziehen zum Westen,
wo die Sonne sich allabendlich
mit der Erde vereint!
Steh' mir bei! Deine Eisenwehr eigne uns beiden!
Sankt Michael weise dem heiligen Blut den Weg!

(1. Ritter legt den Arm um die Schultern des 2., sie gehen unterhalb der Bühne entlang nach links und gehen dort die Treppe hoch. In der Zwischenzeit Sternenhimmel.)

Sprecher:

Auf dem Wege nach Chartres.

Frau:

(Im schwarzen Kleid, kommt von rechts hinzu, fängt sie relativ weit links ab:)

Seid mir willkommen h i e r , wo Artus Lichtschwert nicht weiter dringen konnte, weil sein Herz von der wärmenden Glut unserer Erde sehnend nach seiner Frau entbrannte!

(Gehen zu dritt bis zur Mitte der Bühne. Hinten ein Symbol der Neumondsichel erst horizontal, dann vertikal - auf einem Rad, dass sich von hinten drehen lässt oder hinten Dias.)

2. Gralsritter:

Hier, wo des Mondes Schale sich aufrichtet zum Lichtesschwert, scheint das Blut seine Kraft zu verlieren. Nicht weiter gehe der Weg!

1. Gralsritter:

Lasst' uns errichten einen Bau, der Licht und Blut vereint!

(Im Hintergrund erscheint Weiß, mit einem Hauch von Blau, im Vordergrund unter der Bühne streckt Schwarz die Hände hoch, etwas Rot. Gehen wieder weg.)

Frau:

(Zeigt zum Kreuz des Nordens, welches auch ‚Schwan' genannt wird und durch einen versteckten Menschen im Halbkreis gedreht wird, während sie spricht. So ist zuerst der Doppelstern Albireo oben und dann unten.)

Siehst Du dort oben den lichten Schwan?
Ist er im Herzen getroffen,
stürzt kopfüber er zur Erde nieder,
um seines Blutes Leben an sie auszuteilen. –

Wer vom Winde wird getragen oder fliegt mit Vogelschwingen, dessen Seel wird ihn durchdringen und von ihm die Kraft empfangen, seine Kron zu tragen, *(zeigt auf das Schwan-Zeichen, dass in diesem Zustand mit dem Kopf nach unten die Krone zeigt mit Deneb als Mitte)*

zu vermitteln zwischen Erd und Himmelszelt!
Der Bau möge des Schwanes Tempel auf Erden sein!
Seine Maße mögen die Schwingen der Engel zu ihm leiten!

Michael, der auf seinem Dache stehen wird, möge der
Mittler sein, dass in den Herzen der Mitfühlenden der
Christus geboren werde.

3. Aufriss

(Dunkel, Kerzenlicht, zeitgemäße Musik.)

Sprecher:

In der Krypta der Kathedrale von Chartres – um 1140.

(Hocker in 2 Kolonnen, 6 rechts und 6 links, der Baumeister von hinten Mitte kommend, steht auf der Bühne hinten, Aufseher jeweils von rechts und links kommend, ganz vorne in den Kolonnen ankommend, 2. links und 1. rechts, alle Drei stehend.
Die Worte werden mit symbolischen Gebärden begleitet.)

Baumeister:

Ihr Arbeiter am großen Bau,
seid mir willkommen!
Damit ich erkenne,
dass des Gottes Gegenwart in Euch
auf der 1. Stufe möglich ist,
erhebt Euch in rechter Art und Weise!

(Die Aufseher sind einander zugewandt.)

2. Aufseher:

1. Aufseher!
Die Arbeiter in meiner Kolonne stehen im rechten Winkel!

1. Aufseher:

Großer Baumeister!
Die Arbeiter in beiden Kolonnen
stehen im rechten Winkel!

Baumeister:

Da sich niemand eingeschlichen hat,
der unseren Dienst stören könnte,
lasst' uns beginnen:

Weisheit leite den Bau!

1. Aufseher:

(Dreht sich frontal zum Publikum bis zum Schluss der Szene.)

Schönheit ziere ihn!

2. Aufseher:

(Dreht sich frontal zum Publikum bis zum Schluss der Szene.)

Stärke durchdringe ihn!

Baumeister:

2. Aufseher, warum ist unser Altar würfelförmig gebaut?

2. Aufseher:

Es ist die in sich geschlossenste Form.
Sie birgt in ihrem Innern die Kräfte des Kreuzes
und bewirkt damit die Zentrierung unseres Bewusstseins.

Baumeister:

Erlebst Du diese 1. Stufe der Geometrie?
Hast Du gelernt, den rechten Winkel in Dir zum Kreuze zu vollenden?

2. Aufseher:

Ja, das habe ich gelernt und erlebe es.

Baumeister:

1. Aufseher, warum stützt sich unser Bau auf zwei
Kolonnen, hat jedoch einen dreigeschossigen Aufriss?

1. Aufseher:

Es bedarf der Symmetrie, um beide Ströme der Welt auf-
zunehmen. Doch 3 Sphären gibt es vom Erdmittelpunkt
über das Planetenreich bis zum Umkreis des Kosmos.

Baumeister:

Erlebst Du diese 1. Stufe der Arithmetik?

1. Aufseher:

Ja, einen Strom der Welt kann ich in mir erleben und kann die 3 Sphären in mir unterscheiden:

wenn ich den rechten Winkel in mir bilde,
das Lot zum Erdmittelpunkt fälle
und die Winkelwaage zwischen Mittelpunkt und Umkreis anlege.

Baumeister:

2. Aufseher, warum ist der Grundriss unseres Baues nach Nordosten ausgerichtet?

2. Aufseher:

Das Kreuz des Himmels, befindet sich an Mariä Himmelfahrt
in völliger Übereinstimmung mit unserem Bauwerk
und unser heiliger Brunnen wird immer wieder aufs Neue gestärkt.

Baumeister:

Wie lerntest Du diese 1. Stufe der A s t r o n o m i e in Dir kennen?

2. Aufseher:

Indem ich in selbstloser Liebe erwachte,
meine Seele wie Mariäs Mantel bis zu den Sternen fuhr
und mich deckte.

Baumeister:

1. Aufseher, warum steht der Altar in der Mitte des Längsbaues?

1. Aufseher:

Das Wort, das an ihm gesprochen wird,
erhöht die Grundstimmung des Längsbaues um eine Oktav.
Durch das Querschiff wird das Gebet um eine weitere erhöht
und erreicht so das Dach.
Die Länge des Längsdaches bildet eine alles umhüllende Quart dazu. Der Ort über dem Altar erklingt hier als Quint
und führt das gesprochene Wort
hoch in den Himmel zu unserem Sternen-Kreuz,
dem dieselben Maße zu eigen sind.

Baumeister:

Wie lerntest Du diese 1. Stufe der M u s i k in Dir wahrzunehmen?

1. Aufseher:

Indem in mir Liebe für das Andersartige erwachte und ich mich dorthin bewegen lernte.

(Licht beginnt zu leuchten.)

Baumeister:

Es ist an der Zeit, diese Arbeit nun einzuführen
in den Bau unserer Kathedrale.
Gehe ein jeder wieder an seinen Arbeitsplatz!
Michael lebe in Euch!

(Alle gehen wieder an derselben Stelle, wo sie aufgetreten sind, hinaus.)

4. Aufriss

(Besonnter Raum. Johannes und der 2. Schüler kommen von links hinten. Der 2. Schüler setzt sich zu Füßen des Johannes, der in einem Bischofsstuhl thront. Zeitgemäße Musik.)

Sprecher:

In der Schule von Chartres, um 1170, 30 Jahre später.
Johannes von Salisbury mit seinen Schülern –
Scholastiker.

(Der 1. Schüler kommt im Gebet versunken von hinten rechts.)

1. Schüler:

Bruder Johannes, kann unser Gebet direkt Gott erreichen?

Johannes:

Ist es nicht so, dass die Laute, die Worte und die gesamten sprachlichen Äußerungen unserer Stimme nur Symbole sind für das, was unserer Seele beim Sprechen widerfährt?

1. Schüler:

Ja.

Johannes:

Und folglich also nichts für sich Seiendes,
sondern nur durch Übereinkunft, durch G r a m m a t i k,
Festgelegtes?

1. Schüler:

Ja, das denke ich.

Johannes:

Die seelischen Widerfahrnisse hinwiederum reines Abbild,
nur Traum sind der konkreten Dinge im Einzelnen?

1. Schüler:

Ja, so ist es!

Johannes:

Das Seelische muss also von diesen konkreten Dingen
abgegrenzt werden, dann erst können diese allen
Menschen in der Wahrnehmung gemeinsam sein!

1. Schüler:

Ja!

So sind die sprachlichen Äußerungen, die G r a m m a t i k Symbol und Abbild zugleich meiner Beziehung zu den Dingen, zur Welt !
Doch die Erhörung des Gebetes hängt allein von Gottes Gnade ab!   –

2. Schüler:

Bruder Johannes, wie können wir wissen, wann wir Wahrheit erhalten haben?

Johannes:

Ist es nicht so, dass Du mittels der Logik der Dialektik weißt, dass Du Dich auf einem in sich richtigen Weg befindest?

2. Schüler:

Ja, das kann ich wohl überprüfen mittels der gelernten Gesetze!

Johannes:

Doch ob der Inhalt unseres Sprechens wahr ist, das kannst Du nicht wissen?

2. Schüler:

Nein, dazu fehlt mir die Einsicht in das konkrete andere Einzelding!

Johannes:

Damit bestätigst Du: Die Wahrheit ist uns nicht zugänglich!
Bemühe Dich fortan,
um die richtige Beziehung z w i s c h e n Deinen
Begriffen. Sie hilft Dir zu einem gesetzmäßigen
Lebenswandel.

Das allein ist für Dich nützlich!
Glaube an Gott, trage Sorge,
das Gesetz zu erkunden, was von Gott zu wissen erlaubt
ist und überlasse ihm die Sorge um die wahren Dinge!
–

Wie denkt Ihr, muss also mit dem Volk gesprochen werden,
dass es sich der Kirche gemäß ausrichtet?
Um das Volk abzuholen, muss doch bei dem angefangen
werden, was die Meisten für eine wahre Meinung halten!

2. Schüler:

Das stimmt, Bruder Johannes, sonst können wir nicht die
Vielen erreichen!

Johannes:

Und auf solcher Meinung aufbauend,
diese mit Rhetorik ein Stück Wegs
Richtung der allumfassenden Kirche führen?
Die Weisheit Gottes bedarf – um die Menschen erreichen
zu können – der Rhetorik, des Benutzens des Wortes,
sonst ist sie verstümmelt und nützt der Gesellschaft nichts!

1. Schüler:

O Bruder Johannes, Du leuchtender Lehrer, — wie
überzeugend! Im Schoße der Kirche erhalten sie dann den
Trost:
das Symbol des Ewigen Lebens wird ihnen bekannt -
und sie lernen das Vertrauen in den Glauben
als den einzigen Weg zu Gottes Gnade!

2. Schüler:

O Bruder Johannes,
Licht verbreitest Du in unserem dumpfen Gedankenleben!

*(Alle gehen nach links hinten weg. Schwarz stöhnt aus
dem Abgrund.)*

5. Aufriss

(Die Darsteller sitzen schon. Aufbau ist wie im 3. Aufriss. Zeitgemäße Musik.)

Sprecher:

610 Jahre später zur Goethe-Zeit.
Im Hinterraum eines Wirtshauses in Frankfurt um 1780 –
Freimaurer-Versammlung.

Meister:

Bruder 1. Aufseher, was ist des Maurers höchstes
Streben?

1. Aufseher: *(rechts vorne sitzend)*

Das Streben hin zum Licht!
Dass unbeirrt von allem in die Welt gerichteten
Herzensfühlen, die reine Gesetzmäßigkeit des Lichtes uns
erleuchte!

Meister:

*(Steht auf, Cherub und das ihn anhimmelnde Weiß
erscheinen hinten.)*

Dem Lichte geweiht sei unsere Arbeit, die wir nun beginnen.

(Setzt sich wieder.)

Bruder 1. Aufseher, nenne mir unsere wichtigsten Symbole!

1. Aufseher:

- Die Bibel. Sie symbolisiert unsere religiösen Gefühle zu dem Schöpfer der Welt.

- Unsere Statuten. Sie sind ein Abbild der Gesetze, durch deren Einhaltung wir in unserem Willen wahr bleiben, treu dem Wege folgend, den wir durch unseren Eid beschritten, unbeirrt durch unser Herz, das zur Mördergrube dieser Gesetze werden kann.

- Der Zirkel. Er ist ein Symbol für die Idee, mit der Gott die Welt entworfen hat.

- Das Winkelmaß. Es ist ein Symbol dafür, dass wir nicht krummen Wegen folgen sollen, sondern in rechter Art und Weise uns zu unseren Mitbrüdern stellen.

Meister:

Bruder 2. Aufseher, warum arbeitet die symbolische Maurerei in 3 Graden?

2. Aufseher:

Die 3 Grade symbolisieren die persönliche Entwicklung des Maurers.

(Weiß sucht hilflos tastend am Bühnenrand, wieder davon schwebend.)

6. Aufriss

(Leere Bühne; zeitgemäße Musik.)

Sprecher:

Weimar 1794. Johann Wolfgang von Goethe und Friedrich von Schiller im Gespräch.

(Kommen von links hinten zur Mitte.)

Schiller:

Es wird mir interessant und belehrend sein, wenn Sie Ihre Gedanken, hier in meinem Hause noch weiter ausführen!

Goethe:

Nun denn ..., im Angesicht so vielerlei Gebilde fiel mir die alte Grille wieder ein, ob ich nicht die Urpflanze entdecken könnte?
Eine solche muss es denn doch geben! Woran würde ich sonst erkennen, dass dieses oder jenes Gebilde eine Pflanze sei, wenn sie nicht nach einem Muster gebildet wären! -

Ich habe beobachtet, dass die verschiedenen Teile der Pflanze aus einem völlig ähnlichen Organ entspringen, welches ob es gleich im Grunde immer dasselbe bleibt durch eine Progression modifiziert und verändert wird.

Es ist ein Phänomen, dass das Wachstum, welches über der Erde gegen die Luft zu sich fortsetzt,

nicht immer in einem gleichen Schritte vorwärts gehen kann, sondern, die Gestalt nach und nach verändern und die Teile anders bestimmen muss. Diese fortschreitende Metamorphose ist es, welche sich von den ersten Samenblättern bis zur letzten Ausbildung der Frucht immer stufenweise wirksam beobachten lässt

und durch Umwandlung einer Gestalt in die andere, gleichsam auf einer geistigen Leiter,

zu jenem Gipfel der Natur, der Fortpflanzung durch zwei Geschlechter, hinaufsteigt. -

Lassen Sie mich einige charakteristische Federstriche zu Hilfe nehmen und diese symbolische Pflanze wird vor Ihren Augen entstehen!

(Während Goethe zeichnet:)

Schiller:

Ach! Nghm!

(Danach distanzierende Bewegung und Kopfschütteln.)

Das ist keine Erfahrung, das ist eine Idee!

Goethe:

(Stutzt, wird verdrießlich, nimmt sich schließlich zusammen und spricht:)

Das kann mir sehr lieb sein, dass ich Ideen habe, ohne es zu wissen und sie sogar mit Augen sehe!

Schiller:

(Nachdenklich mit wachsender Begeisterung. Violettes Licht auf beide.)

Mir fehlt das Objekt, der Körper, zu mehreren spekulativischen Ideen, und Sie bringen mich auf die Spur davon:
Ihr beobachtender Blick, der so still und rein auf den Dingen ruht, setzt Sie nie in Gefahr, auf den Abweg zu geraten,
in den sowohl die Spekulation als die willkürliche und bloß sich selbst gehorchende Einbildungskraft sich so leicht verirrt.
In Ihrer richtigen Intuition liegt alles und weit vollständiger, was die Analysis der Philosophie mühsam sucht.
Ihr Geist nimmt die ganze Natur zusammen, um über das Einzelne Licht zu bekommen,
in der Allheit ihrer Erscheinungsarten suchen Sie den Erklärungsgrund für das Individuum auf.
Sie erschaffen den Menschen der Natur gleichsam nach!!!

Beim ersten Anblicke zwar scheint es, als könnte es keine größeren Opposita geben,
als den spekulativen Geist, der von der Einheit,
und den intuitiven, der von der Mannichfaltigkeit ausgeht.
Sucht aber der erste, der spekulative, mit keuschem und treuem Sinn die Erfahrung,
und sucht der letzte mit selbsttätiger freier Denkkraft das Gesetz,
so kann es gar nicht fehlen, dass nicht beide einander auf halbem Wege begegnen werden!
(Handschlag der Beiden in lila Licht, gehen nach rechts vorne durch die Soffitten.)

7. Aufriss

(Carl und Saint Germain kommen von links hinten auf die Bühne. Zeitgemäße Musik.)

Sprecher:

Wien 1790, Carl von Hessen und der Graf von St. Germain entwerfen den Plan zur Gründung der Theosophischen Gesellschaft im Jahre 1875.

Carl:

Wir müssen unseren Orden in der Öffentlichkeit bekannt machen,
dass jeder Mitglied werden kann, unabhängig von seinem Stand und seinem Reichtum.

St. Germain:

Er muss ganz auf der Basis der Gesellschaft stehen!

Carl:

Ich werde unseren Orden im Staat etablieren und ihn als Körperschaft des Öffentlichen Rechtes installieren lassen.

St. Germain:

Ich weiß, es wird Dir gelingen!

Carl:

Und eine Schule begründen, eine Schule, in der geführt werden kann zu der Erkenntnis des Pentagrammes,
worin die Menschen lernen können,
wie sie durch D e n k k r a f t zu der Wahrnehmung des in ihrem Körper strömenden Licht-Pentagrammes kommen können,
damit s i e w i e d e r ü b e r z e u g t s e i n k ö n n e n
v o n d e r g e i s t i g e n W e l t
d u r c h i h r e n e i g e n e n L e i b !

St. Germain:

Und lernen können das Geheimnis der Zubereitung des Steins der Weisen: D i e U m w a n d l u n g i h r e r
n i e d e r e n B l u t s - K r ä f t e i n d i e H ö h e r e n .

Carl:

Sankt Michael weise der Schule diesen Weg!

St. Germain:

Ich hingegen werde mich in den Orient zurückziehen.

Carl:

Liebster Freund, so sehen wir uns nicht mehr!

St. Germain:

Du hast doch Sicherheit, dass Du wiedergeboren wirst?
Wir beide werden uns wieder begegnen!

(Gibt ihm fest die Hand.)

Nach 85 Jahren wird meine Tätigkeit in Europa wieder
wahrgenommen werden.
Denn dann - 1875 - werde ich die Wege geebnet haben,
um eine Gesellschaft zu gründen, deren höchstes
Bestreben die Wahrheit sein wird:

Eine Wahrheit, die höher steht als alle Religionen!

Carl:

Der Allmächtige Baumeister aller Welten – wer ist, wer
kann nur allein seyn, dieser Allmächtige Baumeister,
als das W o r t , durch welches alles gemacht worden
und in allen Religionen gleichermaßen lebt?

St. Germain:

Wir wollen den Menschen einen Weg weisen,
der ihnen das Wort sichtbar werden lässt!
Sie werden Maßstäbe für ihre e i g e n e Geistes-
Sicherheit erringen können!

*(Saint Germain geht nach hinten links weg, Carl nach
vorne rechts.*

8. Aufriss

(Auf der Bühne Helena Petrowna Blavatsky und Rudolf Steiner. Im Hintergrund Michael. Vor ihm und leicht zu ihm gerichtet sitzend Helena - die Hände kelchartig etwas nach oben und weiter vor ihm zu den Zuschauern gerichtet, wie in die Weite schauend, Rudolf Steiner - die Hände vor der Brust gekreuzt. Bühne schwach beleuchtet. Musik.)

Sprecher:

Helena Petrowna Blavatsky und Rudolf Steiner im Geist-Gespräch a n g e s i c h t s Michael.

Rudolf Steiner: *(Wendet leicht den Kopf.)*

Helena! Was siehst Du? An welchem Orte weilst Du grade?

Helena:

Am Quellort der Kastalia fühl ich mich sitzend.- Götterhaft Ideen-Same: in mir zum Worte reifen will. Noch bildhaft zwar und mehrfach deutbar, doch mächtig Ur-Gedanken, sie sinken in den Erdenraum durch mich hinein, durch meine B i l d e kraft von Worten.

(Sie geht ein wenig vor.) Dann – als der Götter Sprache den Menschen fast unhörbar wurde, – da wollt' die Götter

ich nicht lassen! Ich lauschte *(sie hält ihre Hand lauschend Richtung Michael)* ihrem Raunen in Quell und Fels und bildete in Wort es um. – Dunkel wird es mir *(geht dabei rückwärts mit Hand an der Stirn)* und wieder hell. *(Hält dabei an.)* – Bis an das End der Welt fühl ich mich reiten, um Götter s p u r e n zu erahnen. *(Sie ergreift nach rückwärts ahnend Michaels Hand, geht wieder vor und hält nicht loslassen wollend, noch einen Zipfel seines Gewandes oder seine Hand:)* So konnt' ich bis zuletzt der Götter Willen den Menschen sichtbar machen.

Rudolf Steiner:

U n d kam Dir nie die Frage, wie Du im Willen frei kannst werden?

Helena:

(Ganz bei ihm.) W o denkst Du hin? Fühlst Du der Götter Liebe nicht durchs Herz Dir strömen? Wie kannst Du solche Frage auch nur denken, wenn L i e b e Dir im Herzen wohnt?

Rudolf Steiner:

(Legt die Hand auf ihre Schulter, spricht mit Schwere:)

Die Götter wiesen m i c h von sich. – Gerechtigkeit musst *selbst* ich mir erringen. Den Geist erleben konnt ich nur im Schaffen: wo Späne fliegen, wo lodernd Feuerfunken stieben, beim Dringen meiner Willenskraft in kalt geword'ne Götterschöpfung.

Wenn je ich Werke schuf, wo noch Erinnerung an sie *(zeigt nach oben)* die Hand mir führte, – sei's bauend, sei es schreibend ordnend, – vernichtet wurden diese!

L i e b e – erlebe i c h in meiner T ä t i g k e i t, in meinem Schaffen, in meiner f r e i e n , schöpferischen Kunst.

Helena:

Was Du da Liebe nennst, vernichtend wirkt es für der Götter Schöpfung! – Verstehen kann ich, dass die Götter Dich von sich g e w i e s e n ! Du dringst mit Deiner Schaffenskraft in ihre Bildungen hinein. Löst diese von der Ur-Natur und bindest sie für D e i n e n Geist!

Rudolf Steiner:

Der Götter Wesen – in weiter Ferne nur noch weilt.
Im D e n k e n eine ich mich ihnen. Da wo N a t u r Du schaust, sind's Spuren nur von einst'gen Gott-Gedanken. Da wo D u ahnend suchst, hast Du nur Stücke in der Hand!
(Rhythmus ändern:)

Begeistertes Schaffens loderndes Feuer lässt Geist aus totem Stoffe auferstehen! Durch Menschen-Können, durch Menschen-Kunst wird Geist zu Liebe erst gewandelt!

Helena:

Kennst Du die Liebe nicht, die Götter opfern lässt die eigne Wesenheit, hinunter in das Erden Reich?

Rudolf Steiner:

Wer nicht sein Herz erheben kann zu ihnen, für den sieht alles, was Du sprichst, wie lichtvoll Weisheit aus, kalt für die Herzen, die in Not und in Verzweiflung weilen!

Der Du der Götter Liebe fühlst im Herzen strömen, – hast je Du einen Menschen wegen seiner Selbst geliebt?

Wie willst den C h r i s t u s Du erschauen, der nun im H e r z der Menschen den n e u e n U r s p r u n g hat gefunden?

Helena:

(Verwirrt, zu Rudolf Steiner gewandt:)
Ich sehe wie mit meiner Art ich mich erheben konnt, hoch, weit ins Firmament, zu Götterreichen – verschlossen dem, der nicht durch r e i n e Liebe sich bewegt. *(Fasst ihn an der Hand.)* Und sehe ganz erstaunt, dass man mit Deiner Art ins I n n e r s t e der Erde hinunter dringen kann. Ich sehe, Du hast recht, – den Christus kommend aus der Erde Mittelpunkt. *(Dabei kreuzt sie die Hände vor der Brust.)*

Rudolf Steiner:

(Senkt den Kopf.) Und ich erkenne nun aus Dir, wie früher ich den Göttern Kraft geraubt, der Menschen-Seelen Blick vom Himmel weggelenkt. Dank, dass so lange Du das Band gehalten, was Erd' und Himmel noch zusammenhielt, bis ich der Menschen Ich erweckt, in heller Kenntnis-Klarheit, den Christus i n sich zu entdecken, die Zeiten-wende zu vollziehen!

Helena:

(Wieder verwirrt, greift in ihrem eigenen Innern.)

Schon seit Urzeiten – suchen Menschen – dem W o r t , – der Christus ist ja doch das Wort ? – dem Wort i n s i c h Gestalt zu geben:

Der Pharao verband sich mit dem Mondgott, wenn er die Tauf empfing. Er w u r d e zu Osiris, wenn er im Grabe lag. Das Auferstehungswort, des Horus-Namens gold'ner Klang, begabte ihn dann, zu regieren. Und seine Frau, die hoher Liebe fähig war, den Gott sie schaut' aus seinem A n g e s i c h t e leuchten. Den Gottesduft, wie eine Blume, aus seinem H e r z e n , sie empfing.

Wo liegt die Wende nun, die Zeitenwende?

Rudolf Steiner:

(Voll Feuer:) Der Christus, er ist wahrhaft durch den Tod gegangen! Nicht halb nur wie Osiris in dem Pharao. Die Wunde klaffte ihm zur Seite, und Blut und Wasser waren gar getrennt. Nicht wie in Indi-en die Meister ließ er den Körper geh'n, b e v o r er starb und konnte gleich bei seinen Schülern weilen. –
„Gott, warum hast Du mich verlassen", so rief er, – zeigend, dass alleine, fern von Gottes Herrlichkeit, den Weg des Stoffes, bis ins Nichts er ging. Am 3. Tag' e r s t ist er auferstanden, erkannt von seinem Schüler- kreis.

(Mit innerer Freude zum Publikum, sehr viel mit den Händen zeigend:) Wenn die Gestalt ich nicht von Außen sehe, – wenn sie mir leuchtet wie Erinnerung, –
dass ich mich folglich in der Zeit bewege, wenn ich im Raume etwas sehe, –
wenn meine Wahrnehmung nicht zielgerichtet auf Gestalten fällt, –
wenn reine Liebe zur auszuführenden Handlung mein Tätigsein bestimmt, –
dass wahrnehmend im Tätigsein ich Räume bilde,
wo sonst ich zweckgebunden durch die Zeit geeilt, –

dann kann die Form nicht mehr zerfallen, weil jeden Augenblick sie stets sich aus dem Geiste neu erschafft!

Helena:

(Ergriffen, nimmt seine Hand.) Wenn nicht wie einst der Pharao von Namen mehr zu Namen ich dann schreite, wenn die Verwandelung der Laute durch staunende Beobachtung, schon Formen-schaffend ist, durchzieht mein liebevolles, mitleidvolles Schaffen wie warmes Blut den auf Moral und auf Gewissen erbauten Auferstehungsleib.

Michael:

(Hände in M-Bewegung:) Begreifen und Wahrnehmen kontemplativ verbinden, das bildet S E I N E Hände, – ist die von Euch gebildete Gestalt.